## Tolle Tiere mit Scoubidou

Macht dir das Knüpfen mit den Scoubidoubändern auch so tierisch viel Spaß? Dann habe ich genau das Richtige für dich: lauter tolle Tiere, die du aus ein paar Bändern, ein bisschen Draht und Wackelaugen im Nu selber machen kannst. Ob Pony, Frosch, Katze oder Löwe, hier findest du dein Lieblingstier. Und bestimmt haben auch deine Freunde und Freundinnen, deine Mama und dein Papa ein Tier, das sie sehr gern haben. Und sie freuen sich ganz besonders, wenn du es ihnen knüpfst und schenkst.

Tierisch viel Spaß wünscht

Die Motive lassen sich in folgende Schwierigkeitsgrade unterteilen:

● ○ ○ einfach ● ● ○ etwas schwieriger ● ● ● anspruchsvoll

**WERKZEUG**

- spitze Schere
- kleiner Seitenschneider (Drähte abschneiden)
- kleine Rundzange (Drähte biegen)
- Prickelnadel oder Vorstechnadel (Abstände zwischen den Knoten weiten, um z. B. Bein- oder Ohrschnur durchzustecken)
- Silberdraht, ø 0,5 mm oder ø 0,7 mm (als Einlage in die Bein-, Schwanz-, Flügel- und Ohrschnüre)
- UHU Kraft
- feiner wasserfester Filzstift in Schwarz
- Pinzette (Wackelaugen und Nasen platzieren)
- altes Küchenmesser
- Holzbrettchen
- Hammer

# So geht's

## Scoubidoubänder

Bei den Bändern gibt es je nach Hersteller große Qualitätsunterschiede. Manche Bänder sind sehr weich und geschmeidig, andere eher spröde. Die Bänder können auch in der Stärke unterschiedlich sein, manche sind etwas dicker, andere dünner. Auch die Farben variieren. Es kommt auch darauf an, wie fest oder locker du knüpfst: Manche knüpfen sehr fest, andere eher locker. Als Konsequenz ergibt sich, dass keine exakten Maße bezüglich der Schnurlänge angegeben werden können. Daher ist auch der Materialverbrauch unterschiedlich. Mit spröderen oder etwas dickeren Schnüren werden die Motive beispielsweise größer. Damit trotz allem die Proportionen der Tiere stets gleich bleiben, ist immer die genaue Anzahl der Knoten angegeben. Wer sehr locker knüpft, arbeitet besser mit 1,20 m langen Bändern.

**Hinweis:** Lasse die Scoubidoubänder vor dem Knüpfen über Nacht im Freien auslüften!

**Variationen:** Im Buch findest du manche Tiere auch aus Jute- und Viskosebändern abgebildet. Du knüpfst sie genauso wie die Tiere aus Scoubidoubändern, nur wird der Draht ins Geflecht mit eingearbeitet, bzw. die Schnüre werden um den Draht gewunden. Achtung: Je dicker die Schnur, desto länger muss sie sein.

## Holzperlen halbieren

Die Perle auf ein Holzbrettchen oder eine ähnlich stabile Unterlagen legen. Ein altes Messer mitten auf die Bohrung setzen und mit dem Hammer leicht darauf klopfen.

**Tipp:** Wackelaugen und halbierte Holzperlen als Nasen lassen sich ganz leicht aufbringen, wenn du sie mit der Pinzette fasst und mit Klebstoff bestreichst. So kannst du sie exakt auf dem Kopf platzieren.

## Draht

Ob Draht mit Durchmesser 0,5 mm oder 0,7 mm verwendet wird, hängt vom Innendurchmesser der Bänder ab, in die die Drähte zur Stabilisierung gesteckt werden. Durch die Drahteinlage lassen sich Fühler, Flügel und Ohren zurechtbiegen und die Beine werden standfest.

## Fertigstellen

Bevor der letzte Knoten angezogen wird, etwas Klebstoff auf den vorhergehenden Knoten auftragen. Wird nun der letzte Knoten angezogen, verdeckt er die Klebestelle. Die Schnüre erst abschneiden, wenn der Klebstoff trocken ist. Wenn die Schnur beim Abschneiden angespannt wird, verschwindet das Bandende fast vollständig im Geflecht.

# Knoten

## Eckige Scoubidou mit 4 Bändern

1 Die grünen Bänder über die gelben Bänder zu Schlaufen legen.

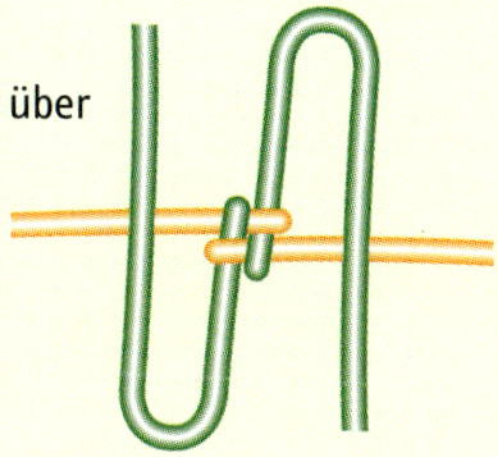

2 Die gelben Bänder in die Schlaufen einfädeln.

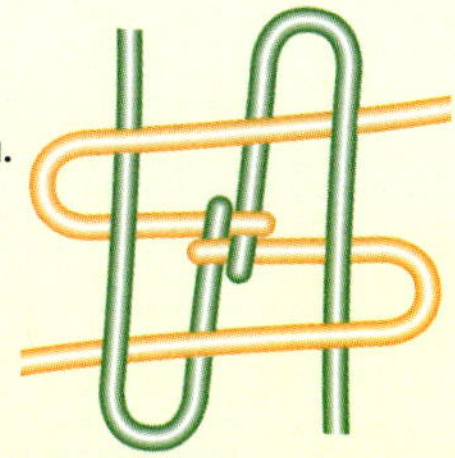

3 Die Bänder festziehen. Es entsteht ein quadratischer Knoten.

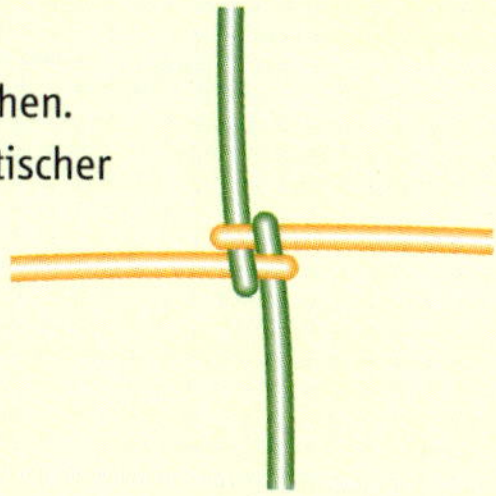

4 Den 2. und alle weiteren Knoten knüpfst du genauso. Damit das Scoubidou eckig wird, musst du darauf achten, dass die Bandenden immer auf dieselbe Seite wie beim vorangegangenen Knoten gelegt werden. So fährst du fort, bis die gewünschte Länge erreicht ist.

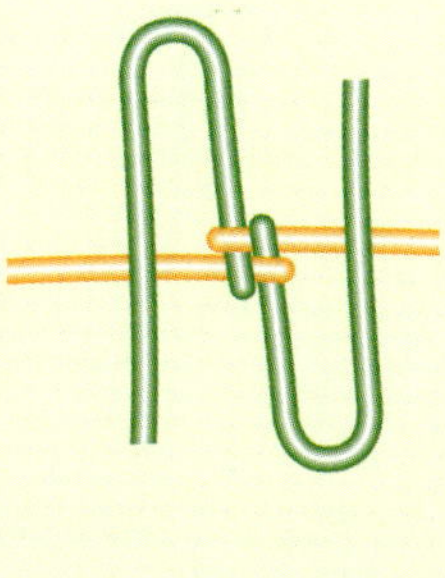

## Runde Scoubidou mit 4 Bändern

1 Den 1. Knoten knüpfst du wie bei den eckigen Scoubidou mit 4 Bändern.

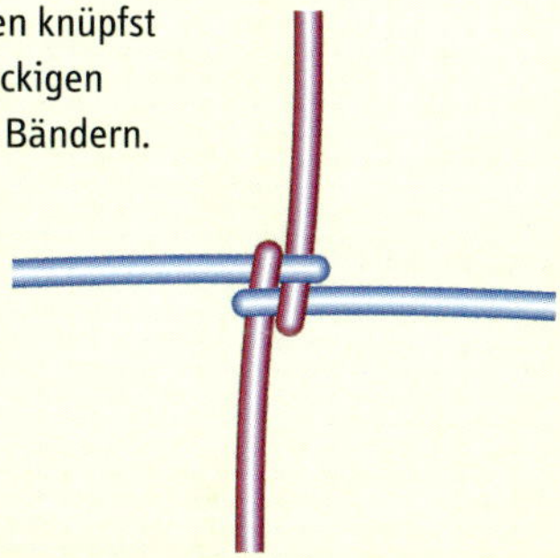

2 Beim nächsten Knoten jedoch legst du die lila Bänder diagonal über die blauen Bänder zu Schlaufen.

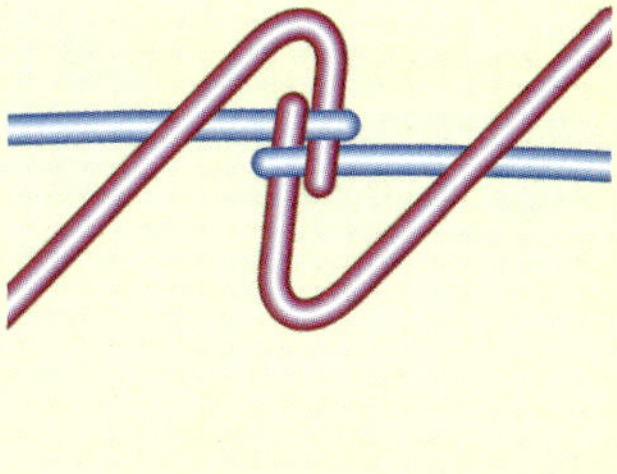

3 Die blauen Bänder in die Schlaufen einfädeln und festziehen. Wenn du immer so fortfährst, erhältst du einen runden Scoubidoustrang.

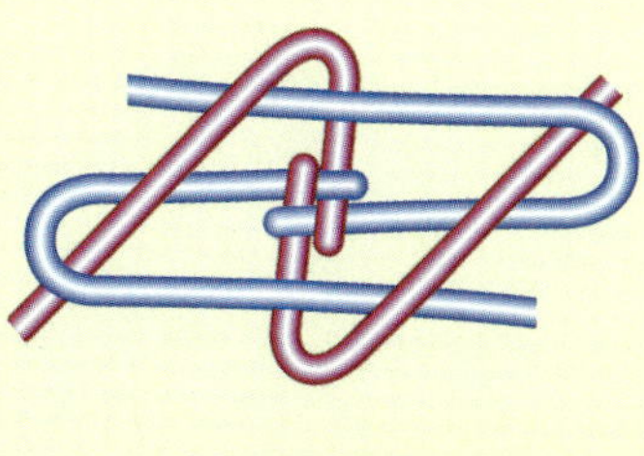

# Rechteckige Scoubidou mit 6, 8 und mehr Bändern

Rechteckige Scoubidou aus 6 und mehr Schnüren werden stets nach demselben Prinzip geknüpft. Der besseren Übersichtlichkeit halber, zeigen wir die Technik anhand von 6 Bändern.

1 Die Bänder gemäß der Zeichnung anordnen. Die blauen Bänder sind die so genannten Leitschnüre, die roten Bänder nennt man Knüpfschnüre.

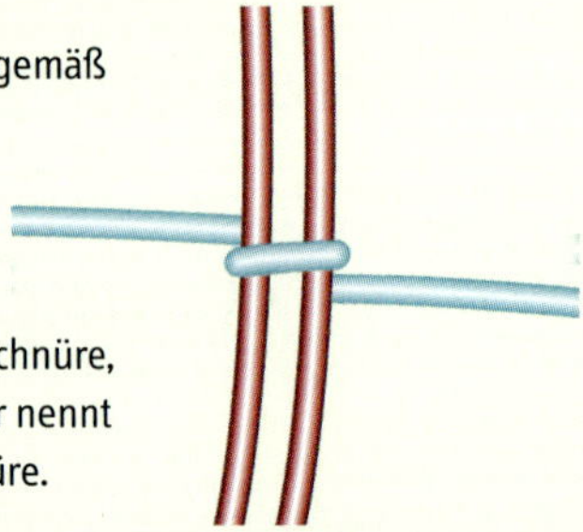

2 Die blauen Leitschnüre über die roten Bänder zu Schlaufen legen.

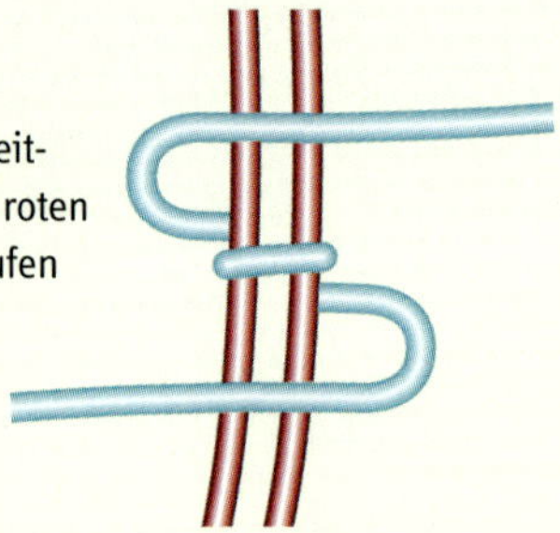

3 Wie beim Weben nun die roten Knüpfschnüre nacheinander in die Schlaufen der blauen Leitschnüre einflechten.

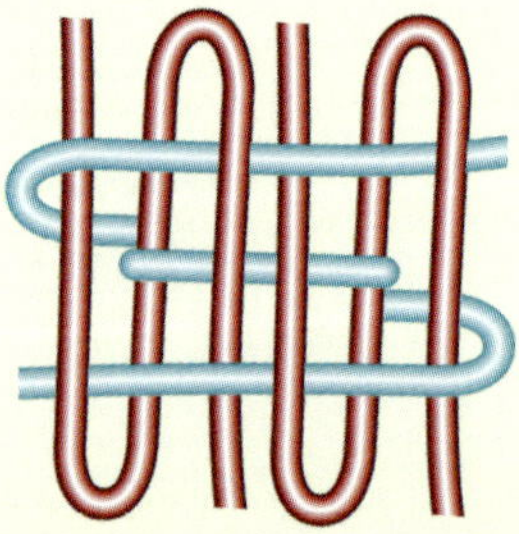

4 Die Bänder festziehen. Es entsteht ein Rechteck aus 8 kleinen Karofeldern.

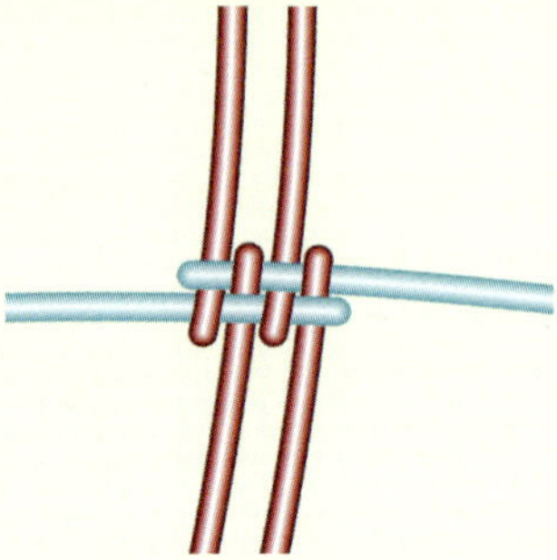

5 Erneut die 2 blauen Leitschnüre zu Schlaufen legen und die Knüpfschnüre einweben. Wichtig ist auch hierbei, dass die Bänder immer auf die gleiche Seite wie zuvor, also immer parallel zueinander gelegt werden.

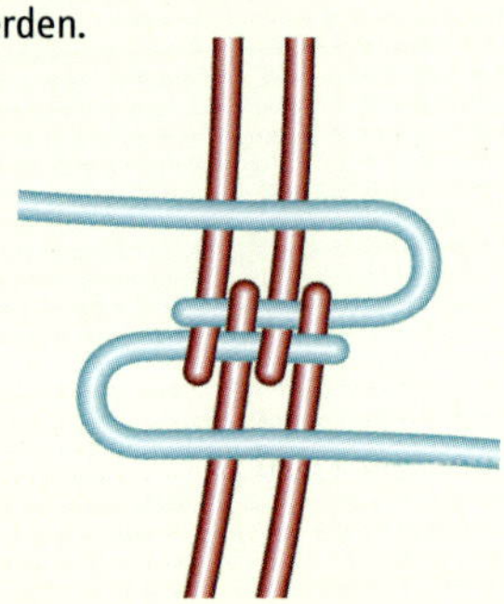

Auf dieselbe Art und Weise kannst du auch rechteckige Scoubidou aus 8 oder mehr Bändern knüpfen. Seitlich befinden sich immer 2 Leitschnüre, zwischen denen eine beliebige gerade Anzahl weiterer Bänder angeordnet werden kann.

## Weberknoten

1 Bei den Tieren wird oftmals 1 Band mit 1 Weberknoten an 2 Leitschnüren angeknüpft. Dazu die Knüpfschnur (hier: lila) hinter die Leitschnüre (hier: rot) legen. Eine Schlinge von links über die Leitschnüre, eine Schlinge von rechts hinter die Leitschnüre legen und durch die entstandenen Schlaufen fädeln.

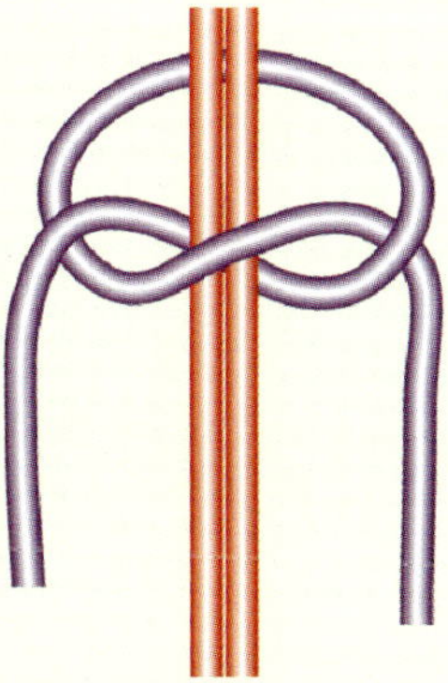

2 Dann das lila Band von rechts über die roten Leitschnüre unter das lila Band links legen.

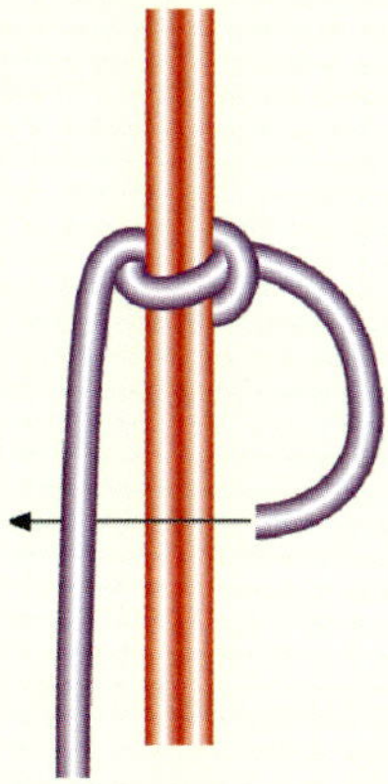

3 Das lila Band von links unter den roten Leitschnüren hindurch und durch die Schlaufe rechts ziehen.

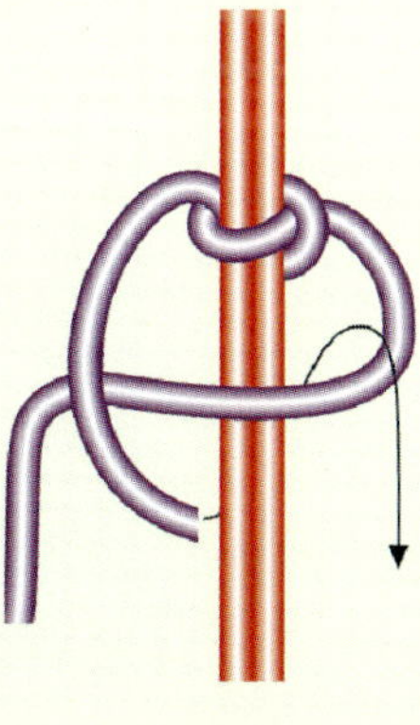

4 Den Knoten anziehen. Es entsteht 1 Weberknoten.

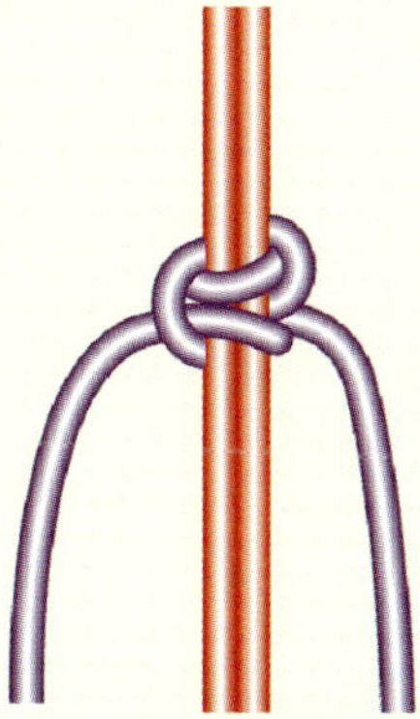

5 So immer fortfahren: Das Band von rechts über die Leitschnüre legen, das Band von links darüber legen und hinter den Leitschnüren nach rechts durch die Öse führen. Den 2. Teil des Knotens gegengleich ausführen. Gezählt wird an den Bögchen, die sich am Rand bilden.

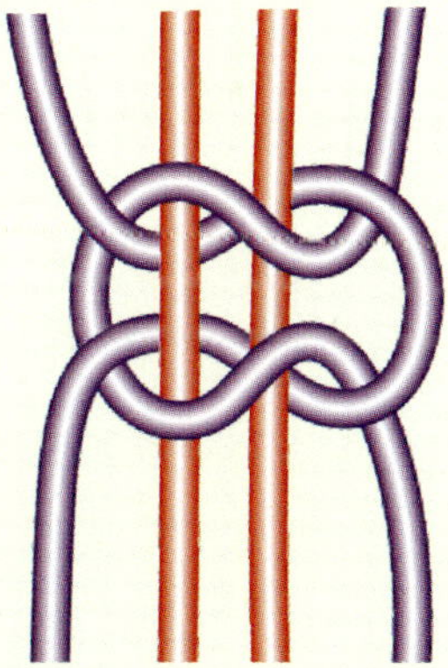

## Weberknoten und rechteckige Scoubidou kombiniert

Bei den meisten Tieren bestehen Kopf und Hals aus Weberknoten, der Körper wird aus rechteckigen Scoubidou mit 6 oder mehr Bändern geknüpft.

Der Übergang zwischen Kopf und Körper ist in den Anleitungen beschrieben und wird anhand der folgenden Zeichnungen verdeutlicht.

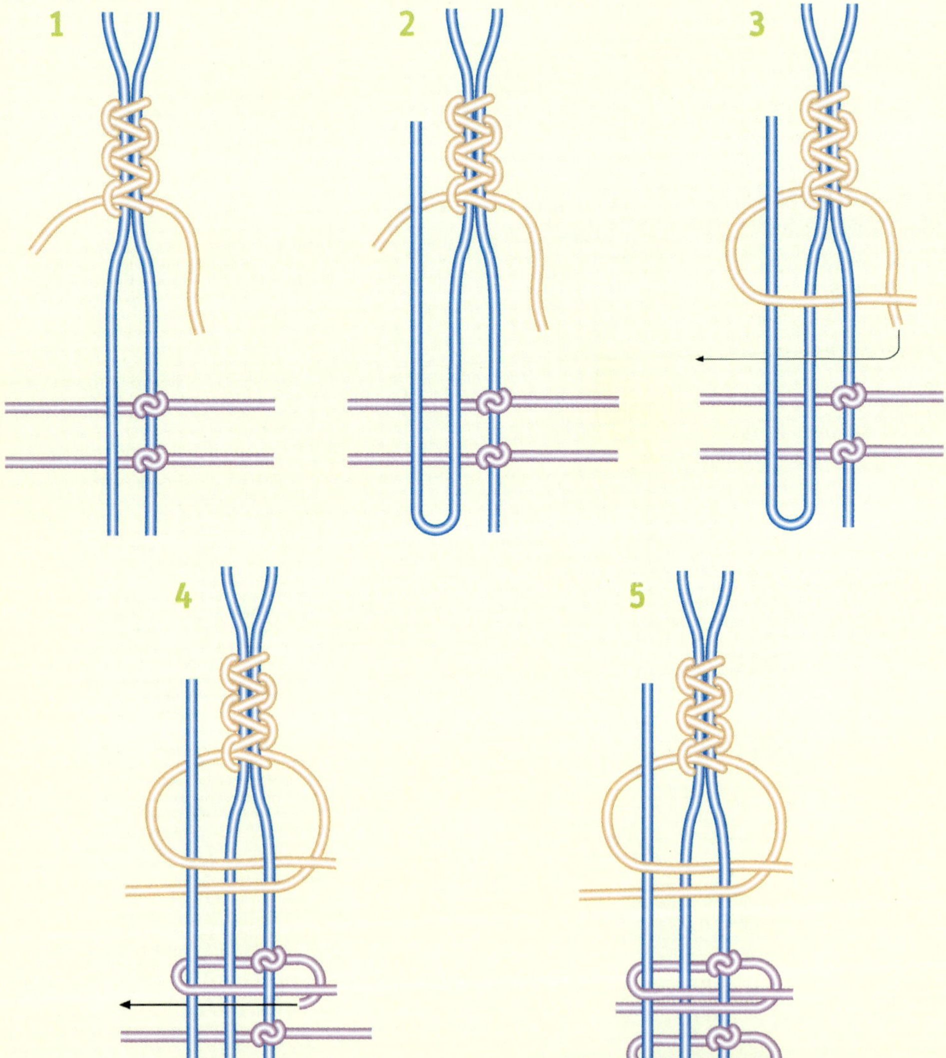

## Kettknoten

**1** Den Knoten mit 2 Bändern knüpfen. Das grüne Band als Leitschnur spannen und das lila Band als Knüpfschnur darauf legen. Hinter der Leitschnur durchziehen (= ½ Knoten).

**2** Nun die lila Knüpfschnur als Leitschnur spannen und das grüne Band als Knüpfschnur auf die Leitschnur legen. Hinter der Leitschnur durchziehen (Schritt 1 + 2 = 1 Knoten). Wichtig: Beim Anziehen des Knotens die Leitschnur stets fest spannen.

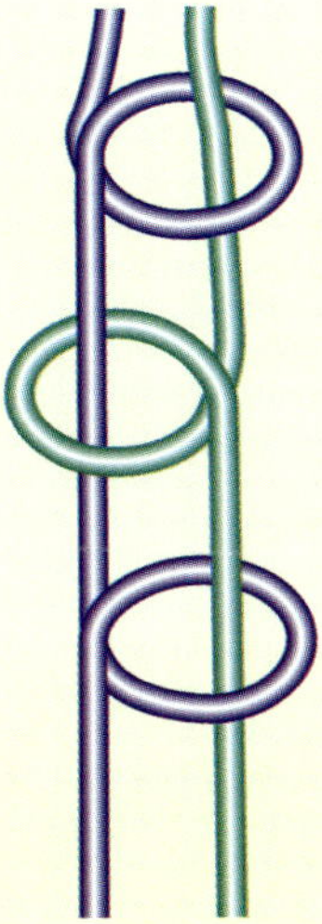

## Einhängen der Bänder

Bei Skorpion und Krabbe müssen die Schnüre eingehängt werden. Dazu 1 Band mitteln, die entstandene Schlinge über 1 anderes Band legen und die 2 Bandenden durch diese Schlinge ziehen.

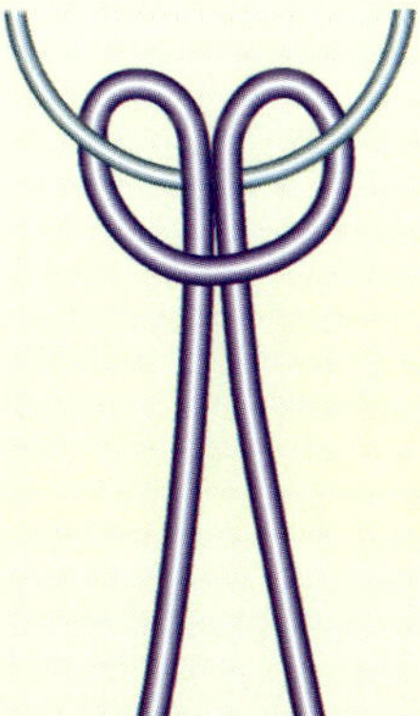

## Schnüre sternförmig einhängen

Für die Frösche werden 4 Bänder sternförmig ineinander gehängt. Dazu jedes Band mitteln, gemäß der Zeichnungen ineinander schlingen und festziehen.

1

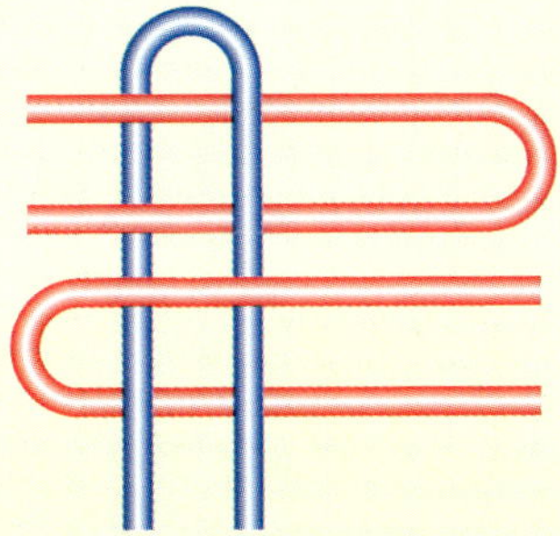

2

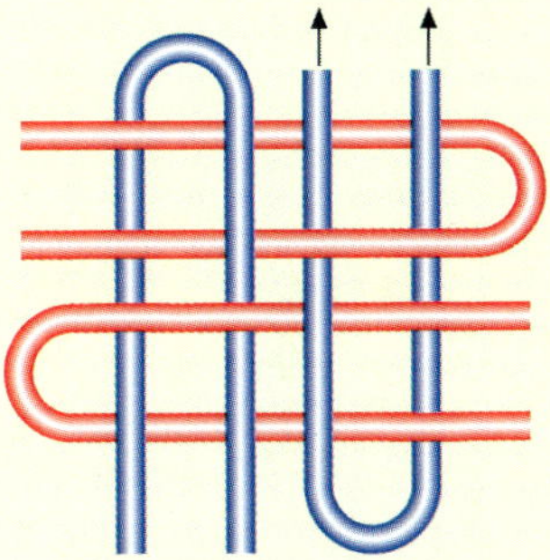

3

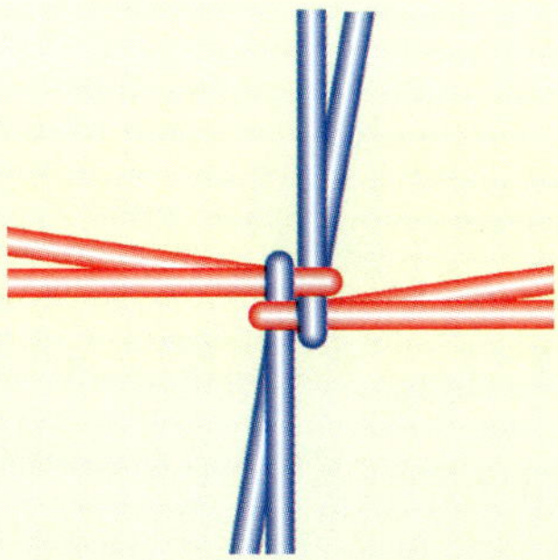

# Nilpferd und Nashorn

→ zwei Dickhäuter

**MATERIAL NILPFERD**

- Scoubidouband in Hellblau, 1 m lang
- 5 Scoubidoubänder in Hellblau, 50 cm lang
- Silberdraht, ø 0,7 mm, 9 cm (1. Ohr, Kopf und Hals), 2 x 10 cm (Beine) und 5 cm lang (2. Ohr)
- 2 Wackelaugen, ø 3 mm
- 4 Holzperlen in Hellblau, ø 6 mm

**NASHORN**

- Scoubidouband in Silbergrau, 1 m lang
- 5 Scoubidoubänder in Silbergrau, 50 cm lang
- Scoubidouband in Weiß, 2 cm lang
- Silberdraht, ø 0,7 mm, 10 cm (Hals), 2 x 10 cm (Beine), 2 x 2 cm (Ohren) und 2 cm lang (Horn)
- 2 Wackelaugen, ø 3 mm
- 4 Holzperlen in Silbergrau, ø 6 mm

## Nilpferd

1 Kopf und Hals: 2 kurze Bänder parallel als Leitschnüre legen und die lange Schnur mit 1 Weberknoten anknüpfen. Den Weberknoten so verschieben, dass die Leitschnüre 2 cm überstehen. In die beiden Leitschnüre den 9 cm langen bzw. den 5 cm langen Draht stecken. Weitere 8 Weberknoten knüpfen.

2 Rumpf: An das Band mit Drahteinlage als Leitschnur nebeneinander 3 weitere Schnüre mittig anknoten (siehe Seite 6). Die 2 Leitschnüre sind auch die Leitschnüre für die nun folgenden 12 rechteckigen Scoubidou mit 10 Bändern. Dabei beim 1. Knoten mit den 2 Knüpfschnüren des letzten Weberknotens beginnen. Bevor der letzte Knoten angezogen wird, etwas Klebstoff auftragen. Bis auf die nach oben ragende Schwanzschnur alle Schnüre abschneiden. In die Schwanzschnur nach 3,5 cm einen Knoten machen und nach ca. 1 cm abschneiden. Das Schnurende bis zum Knoten mehrfach einschneiden, so dass eine Schwanzquaste entsteht. Die beiden Beindrähte in gleich lange Bandreste stecken. Die Beine durch den Rumpf stecken, nach unten biegen und 1 cm bis 1,2 cm unterhalb des Rumpfes abschneiden. Auf die Enden jeweils eine Holzperle kleben.

3 Fertigstellen: Das Weberknotenband für den Kopf nach dem 3. Weberknoten (vom Rumpf aus gesehen) nach hinten umknicken. Die Ohren mit der Rundzange biegen und kürzen. Zum Schluss die Wackelaugen anbringen.

## Nashorn

Das Nashorn wird bis auf das Horn und die Ohrenform wie das Nilpferd gearbeitet. Allerdings besteht der Rumpf aus 16 rechteckigen Scoubidou mit 10. Den 2 cm langen Horndraht in den weißen Bandrest stecken. Das Band in der Mitte knicken und am Kopf einstecken.

# Kätzchen

→ niedliche Stubentiger

**MATERIAL PRO KATZE**

- Scoubidouband in Schwarz oder Weiß, 1 m lang
- 4 Scoubidoubänder in Schwarz oder Weiß, 50 cm lang
- Lackdraht in Schwarz, ø 0,5 mm, 10 cm (1. Ohr, Kopf und Hals), 2 x 10 cm (Beine) und 5 cm lang (2. Ohr)
- 2 Wackelaugen, ø 3 mm
- 4 Holzperlen in Schwarz oder Weiß, ø 6 mm

1 Kopf und Hals: In die Enden von 2 kurzen Bändern den 5 cm und den 10 cm langen Draht einstecken. Diese 2 Schnüre parallel als Leitschnüre legen und die lange Schnur mit 1 Weberknoten über die Enden mit Draht anknüpfen. Den Weberknoten so verschieben, dass die Enden der Leitschnüre 4 cm überstehen. Weitere 8 Weberknoten knüpfen. Der längere der beiden Drähte sollte noch etwa 1 cm am Ende des Weberknotenbandes überstehen. Wenn er mehr übersteht, kann er mit der Zange etwas nach oben herausgezogen werden.

2 Rumpf und Schwanz: An 1 der 2 Leitschnüre nebeneinander 2 weitere kurze Bänder mitteln und anknoten (siehe Seite 6). Die 2 Leitschnüre sind auch die Leitschnüre für die nun folgenden 9 rechteckigen Scoubidou mit 8. Bevor die letzte Knotenreihe angezogen wird, etwas Klebstoff auftragen, dann die Schnüre fest anziehen. Mit den 2 obersten Schnüren den Schwanz aus 7 Kettknoten knüpfen. Nun die Schnüre abschneiden.

3 Beine: In 2 je 10 cm lange Restschnüre zwei gleich lange Drähte stecken. Mit einer Prickelnadel am Rumpf den Abstand zwischen den Knoten etwas erweitern und die 2 Beinschnüre jeweils zur Hälfte durchstecken und nach unten umbiegen. Die Beine auf 2 cm kürzen und auf die Enden jeweils eine Holzperle aufkleben.

4 Fertigstellen: Den Kopf nach unten biegen und für die Ohren die 2 Schnurenden mit Drahteinlage nach dem 4. Weberknoten (vom Rumpf aus gesehen) durch das Weberknotenband stecken. Dazu den Abstand zwischen den Knoten mit der Prickelnadel etwas weiten. Aus den durchgesteckten Schnurenden die Ohren zurechtbiegen und kürzen. An der Katzennase die drei Drahtstücke als Schnurrbarthaare einziehen. Abschließend die Wackelaugen ankleben.

# Ziege und Antilope

→ zwei Hörnerträger

**MATERIAL ZIEGE**

- Scoubidouband in Braun, 1 m lang
- 3 Scoubidoubänder in Braun, 50 cm lang
- Scoubidouband in Weiß, 50 cm lang
- Silberdraht, ø 0,7 mm, 9 cm (1. Horn, Kopf und Hals), 2 x 10 cm (Beine) und 5 cm lang (2. Horn)
- 2 Wackelaugen, ø 3 mm
- 4 Holzperlen in Braun, ø 6 mm

**ANTILOPE**

- Scoubidouband in Braun, 1 m lang
- 3 Scoubidoubänder in Braun, 50 cm lang
- Scoubidouband in Ocker, 50 cm lang
- Silberdraht, ø 0,7 mm, 9 cm (1. Horn, Kopf und Hals), 2 x 10 cm (Beine) und 5 cm lang (2. Horn)
- 2 Wackelaugen, ø 3 mm

## Ziege

1 Kopf und Hals: In die Enden von 2 kurzen braunen Bändern den 5 cm und den 9 cm langen Draht für die Hörner, den Kopf und den Hals einstecken. Die 2 Bänder parallel als Leitschnüre legen und die lange braune Schnur mit 1 Weberknoten über die Bandenden mit Drahteinlage anknüpfen. Den Weberknoten so verschieben, dass die Leitschnüre 4 cm überstehen. Weitere 8 Weberknoten knüpfen. Der längere der beiden Drähte sollte für den Hals noch etwa 1 cm am Ende des Weberknotenbandes überstehen.

2 Rumpf: An die Leitschnur, an der der Draht übersteht, nebeneinander 1 braune und 1 weiße Schnur mittig anknoten (siehe Seite 6). Die 2 Leitschnüre des Weberknotenbandes dienen auch als Leitschnüre für die nun folgenden 11 rechteckigen Scoubidou mit 8 Schnüren. Bevor die letzte Knotenreihe angezogen wird, etwas Klebstoff auftragen, dann die Schnüre fest anziehen. Mit den 2 obersten Schnüren den Schwanz aus 2 Kettknoten knüpfen. Die Schnüre abschneiden.

3 Beine: In 2 je 10 cm lange Restschnüre 2 gleich lange Drähte stecken. Mit der Prickelnadel am Rumpf den Abstand zwischen den Knoten etwas erweitern und die 2 Beinschnüre jeweils zur Hälfte durchstecken und nach unten umbiegen. Die Beine auf 2 cm kürzen und auf die Enden jeweils eine Holzperle aufkleben.

4 Fertigstellen: Den Kopf nach unten biegen und die 2 Schnurenden mit Drahteinlage als Hörner nach dem 7. Weberknoten durch das Weberknotenband stecken. Dazu den Abstand zwischen den Knoten mit der Prickelnadel etwas weiten. Die Hörner zurechtbiegen und kürzen. Abschließend die Wackelaugen ankleben.

## Antilope

Die Antilope im Prinzip wie die Ziege arbeiten. Allerdings besteht der Rumpf aus 16 rechteckigen Scoubidou mit 8. Außerdem sind die Hörner etwas länger (2,5 cm) und gerade. Auch die Antilopenbeine sind etwas länger, sie werden 2,5 cm unterhalb des Rumpfes umgebogen und gekürzt.

# Salamander und Krokodil

→ Amphibien und Reptilien

**MATERIAL PRO SALAMANDER**

- 2 Scoubidoubänder in Gelb oder Schwarz, 1 m lang
- Scoubidouband in Schwarz oder Orange, 1 m lang
- 4 Scoubidoubänder in Schwarz oder Orange, 30 cm lang (Beine)
- 2 Wackelaugen, ø 5 mm

**PRO KROKODIL**

- 3 Scoubidoubänder in Grün, 1 m lang
- 2 Wackelaugen, ø 5 mm

## Salamander

1 Kopf: 1 gelbes (schwarzes) Band mitteln und 5 mm von der Knickstelle entfernt die schwarze (orangefarbene) Schnur mit 1 Weberknoten anknüpfen. 2 weitere Weberknoten arbeiten.

2 Rumpf: Aus den 4 Schnüren 2 eckige Scoubidou mit 4 arbeiten. Bevor der 2. Knoten angezogen wird, die 2. gelbe (schwarze) Schnur von der Seite her mittig einlegen. Die Enden der neu eingelegten Schnur sind die Leitschnüre für die folgenden 14 rechteckigen Scoubidou mit 6.

3 Schwanz: Ohne die 2 mittleren gelben (schwarzen) Schnüre 17 eckige Scoubidou mit 4 knüpfen. Bevor der letzte Knoten angezogen wird, etwas Klebstoff auftragen. Mit den 2 schwarzen (orangefarbenen) Schnüren 4 oder 5 Kettknoten arbeiten. Bevor der letzte Knoten angezogen wird, etwas Klebstoff auftragen. Alle 6 überstehenden Schnurenden abschneiden.

4 Beine und Fertigstellen: Für die Beine seitlich am Rumpf durch eine erweiterte Knotenöse 1 ca. 30 cm lange schwarze (orangefarbene) Schnur halb durchziehen und 3 oder 4 Kettknoten knüpfen. Den letzen Knoten vor dem Anziehen mit etwas Klebstoff bestreichen. Die Schnurenden nach 5 mm abschneiden. Die restlichen Beine ebenso arbeiten. Zum Schluss die Wackelaugen aufkleben.

## Krokodil

1 Kopf: 1 Band mitteln und 5 mm von der Knickstelle entfernt 1 weiteres Band mit 1 Weberknoten anknüpfen. 3 weitere Weberknoten arbeiten.

2 Rumpf: Aus den 4 Bändern 2 eckige Scoubidou mit 4 arbeiten. Bevor der 2. Knoten angezogen wird, das 3. Band von der Seite her halb durchziehen. Mit diesen 6 Schnüren 12 rechteckige Scoubidou mit 6 knüpfen.

3 Schwanz: Ohne die 2 mittleren Schnüre 17 eckige Scoubidou mit 4 knüpfen. Bevor der letzte Knoten angezogen wird, etwas Klebstoff auftragen. Mit den 2 längsten Schnüren 4 Kettknoten arbeiten. Bevor der letzte Knoten angezogen wird, etwas Klebstoff auftragen. Alle 6 überstehenden Schnurenden abschneiden.

4 Beine und Fertigstellen: Die Beine wie beim Salamander aus 4 Schnurresten arbeiten. Zum Schluss die Wackelaugen aufkleben.

# Spaniel und Fuchs

→ wer jagt hier wen?

## Spaniel

1 Kopf und Hals: In die Enden von 2 kurzen Bändern den 8 cm und den 12 cm langen Draht einstecken. Die 2 Bänder parallel als Leitschnüre legen und die lange braune Schnur mit 1 Weberknoten über die Enden, die mit Draht bestückt sind, anknüpfen. Den Weberknoten so verschieben, dass die Enden der Leitschnüre für die Ohren 7 cm überstehen. Weitere 6 Weberknoten knüpfen. Der längere der beiden Drähte sollte noch etwa 1 cm am Ende des Weberknotenbandes in Richtung Rumpf überstehen.

2 Rumpf: An die Leitschnur mit dem längeren Draht nebeneinander 2 weitere Schnüre mitteln und anknoten (siehe Seite 6). Die 2 Leitschnüre sind auch die Leitschnüre für die nun folgenden 12 rechteckigen Scoubidou mit 8. Bevor die letzte Knotenreihe angezogen wird, etwas Klebstoff auftragen. Die Schnüre fest anziehen. Aus den 2 oberen Schnüren als Schwanz 2 Kettknoten arbeiten.

3 Beine: Die Beindrähte in 2 gleich lange Restschnüre stecken. Mit der Prickelnadel am Rumpf den Abstand zwischen den Knoten etwas erweitern und die beiden Beinschnüre jeweils zur Hälfte durchstecken, nach unten und wieder nach oben umbiegen.

4 Fertigstellen: Für den Kopf das Weberknotenband nach dem 3. Weberknoten (vom Rumpf aus gesehen) nach hinten umknicken. Aus den 2 überstehenden Leitschnüren die Ohren zurechtbiegen und von unten durch den 1. Weberknoten (Anfangsknoten) stecken, mit etwas Klebstoff fixieren und die überstehenden Schnurenden kürzen. Zum Schluss die Wackelaugen und die Nase ankleben.

## Fuchs

1 Kopf und Hals: In die Enden der 2 kurzen Bänder den 7 cm und den 10 cm langen Draht einstecken. Die 2 Bänder parallel als Leitschnüre legen und 1 lange ockerfarbene Schnur mit 1 Weberknoten über die Enden mit Draht anknüpfen. Den Weberknoten so verschieben, dass die Enden der Leitschnüre 4 cm überstehen. Weitere 8 Weberknoten knüpfen. Der längere der beiden Drähte sollte noch etwa 1 cm am Ende des Weberknotenbandes in Richtung Rumpf überstehen.

2 Rumpf und Schwanz: An die Leitschnur mit dem langen Draht nebeneinander 2 weitere Schnüre mitteln und anknoten (siehe Seite 6). Die 2 Leitschnüre bilden auch die Leitschnüre für die nun folgenden 10 rechteckigen Scoubidou mit 8. Bevor die letzte Knotenreihe angezogen wird, etwas Klebstoff auftragen. Die Schnüre fest anziehen. Aus den oberen 4 Schnüren als Schwanz runde Scoubidou mit 4 knüpfen, so lange die Schnüre reichen (ca. 20 Knoten).

**MATERIAL SPANIEL**

- Scoubidouband in Braun, 1 m lang
- 4 Scoubidoubänder in Braun, 50 cm lang
- Silberdraht, ø 0,7 mm, 12 cm (1. Ohr, Kopf und Hals), 8 cm (2. Ohr) und 2 x 7 cm lang (Beine)
- 2 Wackelaugen, ø 5 mm
- Holzperle in Schwarz, ø 8 mm (halbiert, als Nase)

**FUCHS**

- 4 Scoubidoubänder in Ocker, 1 m lang
- 2 Scoubidoubänder in Ocker, 50 cm lang
- Silberdraht, ø 0,7 mm, 10 cm (1. Ohr und Hals), 7 cm (2. Ohr) und 2 x 8 cm lang (Beine)
- 2 Wackelaugen, ø 3 mm
- Holzperle in Schwarz, ø 6 mm (halbiert, als Nase)

WEITERFÜHRUNG

## Dackel und Fuchs

3 Beine: Die beiden Beindrähte in 2 gleich lange Restschnüre stecken. Mit der Prickelnadel am Rumpf den Abstand zwischen den Knoten etwas erweitern und die 2 Beinschnüre jeweils zur Hälfte durchstecken. Die Enden mit der Rundzange zu kleinen Ösen biegen und kürzen (Beinlänge von Bauch bis Boden ca. 1 cm).

4 Fertigstellen: Den Kopf formen, dazu das Weberknotenband nach vorne und nach dem 6. Weberknoten (vom Rumpf aus gesehen) nach unten umknicken. Die 2 überstehenden Schnurenden für die Ohren von unten durch den 2. Weberknoten (vom Rumpf aus gesehen) stecken, die Ohren zurechtbiegen und mit etwas Klebstoff fixieren. Die überstehenden Schnurenden evtl. noch kürzen. Zum Schluss die Wackelaugen und die Nase ankleben.

# Ponys

## → für Pferdefreunde

1 Kopf und Hals: 2 kurze Bänder parallel als Leitschnüre legen. In die Enden der 2 Leitschnüre den 5 cm und den 11 cm langen Draht einstecken. Das lange Band mit 1 Weberknoten über die Bandenden mit Draht anknüpfen. Den Weberknoten so verschieben, dass die Leitschnüre 4 cm überstehen. Weitere 10 Weberknoten knüpfen. Der längere der beiden Drähte sollte noch etwa 1 cm am Ende des Weberknotenbandes überstehen. Wenn er länger ist, kann er mit der Zange etwas nach oben herausgezogen werden.

2 Rumpf: An die Leitschnur mit dem langen Draht nebeneinander 3 weitere Schnüre mitteln und anknoten (siehe Seite 6). Die 2 Leitschnüre sind auch die Leitschnüre für die nun folgenden 12 rechteckigen Scoubidou mit 10. Bevor die letzte Knotenreihe angezogen wird, etwas Klebstoff auftragen. Nun die Schnüre fest anziehen und abschneiden.

3 Beine: In 2 je 10 cm lange Restschnüre zwei gleich lange Drähte stecken. Mit der Prickelnadel am Rumpf den Abstand zwischen den Knoten etwas erweitern und die beiden Beinschnüre jeweils zur Hälfte durchstecken und nach unten umbiegen. Die Beine auf 2 cm kürzen und auf die Enden jeweils eine Holzperle aufkleben.

4 Fertigstellen: Für den Kopf das Weberknotenband am 4. Knoten nach unten knicken. Die 2 Leitschnüre von unten durch das Weberknotenband stecken und daraus die beiden Ohren formen. Für Mähne und Schwanz jeweils einen 2,5 cm bis 3 cm langen und 5 mm breiten Plüschstreifen abschneiden und ankleben. Zum Schluss die Wackelaugen ankleben.

**MATERIAL PRO PONY**

- Scoubidouband in Schwarz oder Weiß, 1,20 m lang
- 5 Scoubidoubänder in Schwarz oder Weiß, 60 cm lang
- Lackdraht in Schwarz, ø 0,5 mm, 11 cm (1. Ohr, Kopf und Hals), 2 x 10 cm (Beine) und 5 cm lang (2. Ohr)
- Kurzhaarplüsch in Schwarz
- 2 Wackelaugen, ø 3 mm
- 4 Holzperlen in Schwarz, ø 6 mm

# Entchen und Schwan

→ Federvieh zu Wasser

**MATERIAL ENTCHEN**

- Scoubidouband in Gelb, 1 m lang
- 4 Scoubidoubänder in Gelb, 50 cm lang
- Scoubidouband in Orange, 4 cm lang
- Silberdraht, ø 0,7 mm, 6 cm (Hals), 4 cm (Schnabel), 2 cm (Schwanz) und 9 cm lang (Flügel)
- 2 Wackelaugen, ø 5 mm

**SCHWAN**

- Scoubidouband in Weiß, 1 m lang
- 5 Scoubidoubänder in Weiß, 50 cm lang
- Scoubidouband in Orange, 4 cm lang
- Silberdraht, ø 0,7 mm, 11 cm (Hals), 2 x 4 cm (Schnabel und Schwanz) und 18 cm lang (Flügel)
- 2 Wackelaugen, ø 5 mm

## Entchen

1 Kopf und Hals: In 1 von 2 kurzen Leitschnüren den Halsdraht einschieben und die längere Schnur mit 1 Weberknoten (über das Bandende, in dem der Draht ist, und ein anderes Ende) anknüpfen. Weitere 9 Weberknoten knüpfen.

2 Rumpf: An die Leitschnur mit Halsdraht nebeneinander 2 weitere Schnüre mitteln und anknoten (siehe Seite 6). Die 2 Leitschnüre bleiben auch die Leitschnüre für die nun folgenden 9 oder 10 rechteckigen Scoubidou mit 8. Bevor die letzte Knotenreihe angezogen wird, etwas Klebstoff auftragen, dann die Schnüre fest anziehen. Die oberste Schnur auf 2 cm kürzen, einen gleich langen Draht einstecken und zu einem Stummelschwänzchen nach unten biegen. Nun die anderen Schnüre abschneiden. Einen gelben Schnurrest auf den Flügeldraht stecken. Die Stelle für die Flügelschnur am Rumpf weiten, die Schnur halb durchstecken und zurechtbiegen

3 Fertigstellen: Die Bandenden vom Anfang des Weberknotenbandes und den überstehenden Halsdraht bis auf einen Rest von 2 mm bis 3 mm abschneiden. Aus dem Weberknotenband Kopf und Hals formen. Die orangefarbene Schnabelschnur mit Drahteinlage zum Schnabel biegen. Den Schnabel zwischen Kopf und Hals kleben und die Wackelaugen anbringen.

## Schwan

1 Kopf und Hals: In 1 von 2 kurzen Leitschnüren den Halsdraht einschieben und die lange Schnur mit 1 Weberknoten (über das Bandende, in dem der Draht ist, und ein anderes Ende) anknüpfen. Weitere 11 Weberknoten knüpfen. Der Halsdraht sollte noch ca. 1 cm überstehen – ist er zu lang, kann er mit der Zange von oben noch etwas herausgezogen werden.

2 Rumpf: An die Leitschnur mit Halsdraht nebeneinander 2 weitere Schnüre mitteln und anknoten (siehe Seite 6). Die 2 Leitschnüre bleiben auch die Leitschnüre für die nun folgenden 3 rechteckigen Scoubidou mit 8. Bevor die letzte Knotenreihe angezogen wird, in die Mitte die letzte weiße Schnur quer einlegen. Noch 9 oder 10 rechteckige Scoubidou mit 10 arbeiten. Bevor der letzte Knoten

angezogen wird, etwas Klebstoff auftragen, dann die Schnüre fest anziehen. Die oberste Schnur auf 4 cm kürzen, einen gleich langen Draht einstecken und zum Schwanz nach unten biegen. Nun die anderen Schnüre abschneiden. 1 weißen Schnurrest auf den Flügeldraht stecken. Die Stelle für die Flügelschnur mit der Vorstechnadel am Rumpf weiten, die Schnur halb durchstecken und zurechtbiegen.

3 Fertigstellen: Die Bandenden am Anfang des Weberknotenbandes und den überstehenden Halsdraht bis auf einen Rest von 2 mm bis 3 mm abschneiden. Aus dem Weberknotenband Kopf und Hals formen. Die orangefarbene Schnabelschnur mit Drahteinlage zum Schnabel biegen. Den Schnabel unter den Kopf kleben und die Wackelaugen anbringen.

# Skorpion und Krabbe

→ bunte Krabbeltiere

**MATERIAL SKORPION**

- 2 Scoubidoubänder in Rot, 1 m lang
- Scoubidouband in Schwarz, 50 cm lang
- Scoubidoubänder in Schwarz, 23 cm, 3 cm und 3 x 9 cm lang
- Silberdraht, ø 0,7 mm, 23 cm (Scheren), 10 cm (Schwanz), 3 x 9 cm (Beine) und 3 cm lang (Stachel)
- 2 Wackelaugen, ø 7 mm

**KRABBE**

- 6 Scoubidoubänder in Gelb, 1 m lang
- Scoubidoubänder in Rot, 30 cm und 4 x 12 cm lang
- Silberdraht, ø 0,7 mm, 30 cm (Scheren) und 4 x 12 cm lang (Beine)
- 2 Wackelaugen, ø 7 mm

## Skorpion

1 Rumpf und Schwanz: Den Scherendraht in 1 gleich langes schwarzes Band stecken. Daran in der Mitte 1 rote, 1 schwarze und wieder 1 rote Schnur einhängen (siehe Seite 7). Die 2 äußeren Schnüre sind die Leitfäden für 11 oder 12 rechteckige Scoubidou mit 6. Nun für den Schwanz ohne die 2 schwarzen Schnüre 6 cm bis 7 cm runde Scoubidou mit 4 knüpfen. Damit der Schwanz beliebig gebogen werden kann, sollte nach den ersten 2 runden Knoten der Schwanzdraht in das Geflecht gesteckt und umknüpft werden. Bevor der letzte Knoten angezogen wird, etwas Klebstoff auftragen. Die Schnurenden abschneiden. Auf den überstehenden Draht ein gleich langes (ca. 3 cm), schwarzes Schnurstück aufstecken. Den Draht zu einem Stachel zurückbiegen.

2 Fertigstellen: Die Scheren zurechtbiegen. Die Beindrähte in schwarze Bänder stecken und jedes Beinpaar an der Unterseite durch eine erweiterte Knotenöse am linken und rechten Rumpfrand stecken bzw. ziehen. Wenn alle Beine durchgezogen sind, werden sie wie auf dem Foto zurechtgebogen (evtl. mit Hilfe einer kleinen Rundzange). Zum Schluss die Wackelaugen aufkleben.

## Krabbe

1 Scheren und Rumpf: Den Scherendraht in ein gleich langes Stück rote Schnur stecken. In der Mitte 4 gelbe Schnüre einhängen (siehe Seite 7). Die 2 äußeren Schnüre sind die Leitschnüre für 4 rechteckige Scoubidou mit 8. Bevor der letzte Scoubidou angezogen wird, parallel zu den Knüpfschnüren 2 gelbe Schnüre einlegen. Nun 7 rechteckige Scoubidou mit 12 arbeiten. Bevor der letzte Knoten angezogen wird, etwas Klebstoff auftragen. Die Schnurenden abschneiden.

2 Beine und Augen: Die Scheren zurechtbiegen. Die vier Beindrähte in gleich lange rote Schnurreste stecken. Jedes Beinpaar an der Unterseite durch eine erweiterte Knotenöse am linken und rechten Rumpfrand stecken bzw. ziehen. Wenn alle Beine durchgezogen sind, werden sie wie auf dem Foto zurechtgebogen (evtl. mit Hilfe einer kleinen Rundzange). Zum Schluss die Wackelaugen aufkleben.

# Bunte Schnecken

→ ganz ohne Schleimspur

## Große Schnecke in Grün-Gelb

**1** Schneckenhaus: 2 gelbe Schnüre in der Mitte knicken und ca. 2 cm von der Knickstelle entfernt die grüne Schnur mit 1 Weberknoten anknüpfen. Weitere 13 bis 15 grüne Weberknoten knüpfen. Damit sich das Schneckenhaus einrollen lässt, sollte nach dem 1. Weberknoten der Schneckenhausdraht zu den gelben Leitfäden gelegt und mit eingeknüpft werden. Den letzten Weberknoten mit etwas Klebstoff fixieren. Zusätzlich jedes grüne Band am letzten Weberknoten abknoten.

**2** Rumpf: Aus den 4 gelben Schnüren 1 Knoten eckige Scoubidou mit 4 knüpfen. Bevor dieser Knoten angezogen wird, die restliche gelbe Schnur quer einlegen. Nun mit 6 Bändern ca. 15 rechteckige Scoubidou mit 6 arbeiten. Bevor der letzte Knoten angezogen wird, etwas Klebstoff auftragen. Die unteren und seitlichen Schnüre abschneiden. Die 2 oberen Schnüre als Fühler auf 4 cm kürzen, die beiden Drahtstücke einstecken und die Enden mit der Rundzange umbiegen. Die Wackelaugen und die Holzperlen aufkleben.

**Tipp: Anstelle der beiden geknickten gelben Schnüre kannst du auch vier 40 cm lange Schnüre nehmen.**

## Kleine Schnecke in Orange-Gelb

**1** Schneckenhaus und -körper: Die 4 gelben Schnüre als Leitschnüre parallel nebeneinander legen und an einer Seite, ca. 2 cm von den Enden entfernt, die orangefarbene Schnur mit 1 Weberknoten anknüpfen. Weitere 10 bis 12 Weberknoten knüpfen, bis die orangefarbenen Schnüre noch ca. 20 cm lang sind. Wichtig: Damit sich das Schneckenhaus zu einer Spirale aufrollen lässt, sollte nach dem 1. Weberknoten der Schneckenhausdraht zu den gelben Leitschnüren gelegt und mit eingeknüpft werden. Dann den Draht abschneiden.

**2** Kopf: Die orangefarbenen Schnüre sind die Leitfäden für 5 rechteckige Scoubidou mit 6. Bevor der letzte Scoubidou angezogen wird, etwas Klebstoff auftragen. Die orangefarbenen Schnüre und die 2 unteren Schnüre abschneiden. Die 2 oberen Schnüre als Fühler auf 3,5 cm kürzen, die Drähte einstecken und die Enden mit der Rundzange umbiegen.

## Kleine Schnecke in Gelb-Violett

Die 2 violetten Schnüre in der Mitte mit der langen gelben Schnur mit 1 Knoten zusammenbinden. Die 2 gelben Schnüre sind die Leitschnüre für 13 oder 14 rechteckige Scoubidou mit 6. Bevor der letzte Knoten angezogen wird, etwas Klebstoff auftragen. Die unteren und seitlichen Schnüre abschneiden. Die 2 oberen Schnüre als Fühler auf 5 cm kürzen. In den gelben Schnurrest den gleich langen Draht stecken. Die Schnur in den Schneckenrücken stecken und mit etwas Klebstoff fixieren. Das Schneckenhaus formen, dabei zuerst das Schnurende mit der Rundzange einrollen. Die Wackelaugen aufkleben.

## MATERIAL GROSSE SCHNECKE IN GRÜN-GELB

- Scoubidouband in Grün, 1 m lang
- 3 Scoubidoubänder in Gelb, 80 cm lang
- Silberdraht, ø 0,7 mm, 10 cm (Schneckenhaus) und 2 x 4 cm lang (Fühler)
- 2 Wackelaugen, ø 3 mm
- 2 Holzperlen in Grün, ø 6 mm

## KLEINE SCHNECKE IN ORANGE-GELB

- Scoubidouband in Orange, 1 m lang
- 4 Scoubidoubänder in Gelb, 30 cm lang
- Silberdraht, ø 0,7 mm, 10 cm (Schneckenhaus) und 2 x 3,5 cm lang (Fühler)
- 2 Wackelaugen, ø 3 mm

## KLEINE SCHNECKE IN GELB-VIOLETT

- 2 Scoubidoubänder in Violett, 50 cm lang
- Scoubidouband in Gelb, 70 cm lang
- Scoubidouband in Gelb, 10 cm lang (Schneckenhaus)
- Silberdraht, ø 0,7 mm, 10 cm lang (Schneckenhaus)
- 2 Wackelaugen, ø 3 mm

# Schmetterlinge

→ freundlich

**MATERIAL SCHMETTERLING IN BLAU-WEISS**

- Scoubidouband in Blau, 80 cm lang
- 2 Scoubidoubänder in Weiß, 50 cm lang
- Scoubidouband in Schwarz, 40 cm lang
- Silberdraht, ø 0,7 mm, 2 x 11 cm lang (Flügel)
- Holzperle in Blau, ø 1,5 cm
- 2 Holzperlen in Blau, ø 8 mm
- 2 Wackelaugen, ø 7 mm

**SCHMETTERLING IN ROT-GELB**

- 2 Scoubidoubänder in Gelb, 50 cm lang
- Scoubidouband in Rot, 70 cm lang
- Scoubidouband in Rot, 20 cm lang (Flügel)
- Silberdraht, ø 0,7 mm, 20 cm lang (Flügel)
- Holzperle in Rot, ø 1,2 cm
- 2 Holzperlen in Rot, ø 6 mm
- 2 Wackelaugen, ø 3 mm

## Schmetterling in Blau-Weiß

1 Körper: In der Mitte der blauen Schnur die 3 anderen Bänder anknoten (in der Reihenfolge weiß – schwarz – weiß). Mit den blauen Schnüren als Leitschnüre 7 rechteckige Scoubidou mit 8 arbeiten. Es folgen 2 rechteckige Scoubidou mit 6 ohne die schwarzen Bänder. Die schwarzen Schnurenden abschneiden.

2 Flügel: Die blauen Schnüre auf 10 cm kürzen und jeweils einen Draht einstecken, dabei den Draht möglichst noch etwas in das Geflecht einstecken.

3 Kopf: 2 eckige Scoubidou mit den 4 weißen Schnüren knüpfen. Bevor der letzte Knoten angezogen wird, etwas Klebstoff auftragen. 2 Schnüre abschneiden, die 2 anderen als Fühler durch die große Holzperle stecken (Fühlerlänge ca. 5 cm).

4 Fertigstellen: Die blauen Flügelbänder zurechtbiegen und die Drahtenden in den Rumpf einstecken. Die Wackelaugen aufkleben.

## Schmetterling in Rot-Gelb

1 Körper und Flügel: Den Draht in das kurze rote Band einstecken. Die 2 gelben Schnüre in der Mitte mit der langen roten Schnur mit 1 Knoten zusammenbinden. Die 2 roten Schnüre bilden die Leitschnüre für 10 rechteckige Scoubidou mit 6. Bevor der letzte Knoten angezogen wird, quer die Flügelschnur samt Draht einlegen. 3 weitere Scoubidou mit 6 arbeiten. Nun 2 eckige Scoubidou mit 4 ohne die 2 mittleren gelben Schnüre knüpfen. Bevor der letzte Knoten angezogen wird, etwas Klebstoff auftragen. Die Flügeldrähte zurechtbiegen und in den Rumpf zurückstecken.

2 Kopf: Die 2 gelben Schnüre als Fühler durch die Holzperle ziehen und mit etwas Klebstoff fixieren. Die Wackelaugen aufkleben und das Gesicht aufmalen. Die Fühler 2 cm überstehen lassen und auf die Enden jeweils eine kleine Holzperle kleben. Die überstehenden Schnurenden abschneiden.

**MATERIAL**
**LÖWE**

- Scoubidouband in Gelb, 1 m lang
- 5 Scoubidoubänder in Gelb, 50 cm lang
- Silberdraht, ø 0,7 mm, 7 cm (1. Ohr, Kopf und Hals), 7 cm (Schwanz), 2 x 10 cm (Beine) und 4 cm lang (2. Ohr)
- 2 Wackelaugen, ø 3 mm
- 4 Holzperlen in Gelb, ø 6 mm
- Holzperle in Schwarz, ø 6 mm (halbiert, als Nase)
- Kurzhaarplüsch in Schwarz

**LÖWIN**

- Scoubidouband in Gelb, 1 m lang
- 4 Scoubidoubänder in Gelb, 50 cm lang
- Silberdraht, ø 0,7 mm, 7 cm (1. Ohr, Kopf und Hals), 7 cm (Schwanz), 2 x 10 cm (Beine) und 4 cm lang (2. Ohr)
- 2 Wackelaugen, ø 3 mm
- 4 Holzperlen in Gelb, ø 6 mm
- Holzperle in Schwarz, ø 6 mm (halbiert, als Nase)
- Kurzhaarplüsch in Schwarz

# Löwenpärchen

→ von wegen bissig

## Löwe

1 Kopf und Hals: In 2 kurze Schnüre den 7 cm langen Halsdraht bzw. den 4 cm langen Ohrendraht stecken. Diese Schnüre parallel als Leitschnüre legen – die Enden mit den Drahtstücken liegen nebeneinander. Die lange Schnur mit 1 Weberknoten anknüpfen. Den Weberknoten so verschieben, dass die Leitschnüre 3 cm überstehen, der Knoten befindet sich auf den Drahtstücken. Weitere 8 Weberknoten knüpfen.

2 Rumpf: An die Leitschnur mit dem langen Draht nebeneinander 2 weitere kurze Schnüre mitteln und anknoten (siehe Seite 6). Die 2 Leitschnüre sind auch die Leitschnüre für die nun folgenden 2 rechteckigen Scoubidou mit 8. Bevor die letzte Knotenreihe angezogen wird, in die Mitte quer die letzte Schnur einlegen und nun mit 10 Schnüren 10 bis 11 rechteckige Scoubidou mit 10 arbeiten. Bevor der letzte Knoten angezogen wird, etwas Klebstoff auftragen. Es folgen 2 rechteckige Scoubidou mit 8, d.h., die 2 unteren Schnüre hängen lassen. Bevor der letzte Knoten angezogen wird, etwas Klebstoff auftragen, die oberste Schnur (Leitschnur) auf 6 cm kürzen und den 7 cm langen Schwanzdraht einstecken. Der Schwanzdraht sollte 1 cm in den letzten Knoten reichen, damit der Schwanz einen Halt hat und beliebig gebogen werden kann. Die beiden Beindrähte in gleich lange gelbe Schnurreste stecken. Die Beine durch den Rumpf stecken, nach unten biegen und 1 cm bis 1,2 cm unterhalb des Rumpfes abschneiden. Auf die Enden jeweils eine Holzperle kleben.

3 Fertigstellen: Das Weberknotenband für den Kopf in der Mitte nach hinten umknicken. Die Ohren mit der Rundzange biegen und evtl. leicht kürzen. Als Mähne einen Plüschstreifen, 5 cm x 1 cm, über die Schultern kleben. Als Schwanzquaste ein Plüschquadrat, 1,5 cm x 1,5 cm, ankleben. Zum Schluss die halbierte Holzperle als Nase und die Wackelaugen anbringen.

## Löwin

**1** Kopf und Hals: Wie beim Löwen arbeiten.

**2** Rumpf: An die Leitschnur mit dem langen Draht des Weberknotenbandes nebeneinander 2 weitere kurze Schnüre mitteln und anknoten (siehe Seite 6). Die 2 Leitschnüre sind auch die Leitschnüre für die nun folgenden 13 rechteckigen Scoubidou mit 8. Den Schwanz und die Beine wie beim Löwen arbeiten.

**3** Fertigstellen: Für den Kopf wird das Weberknotenband im Gegensatz zum Löwen im Nacken schräg nach unten und an der Schnauzenspitze unten zurück gebogen. Die 2 Schnurenden mit Drahteinlage nach oben biegen, zu Ohren formen und kürzen. Abschließend noch die Augen und die Nase ergänzen.

# Frösche

→ grasgrün

**MATERIAL PRO FROSCH**

- 5 Scoubidoubänder in Hellgrün oder Grün, 50 cm lang
- Silberdraht, ø 0,7 mm, 2 x 9 cm (Hinterbeine) und 7 cm lang (Vorderbeine)
- 2 Wackelaugen, ø 7 mm

1 Rumpf: 4 Schnüre sternförmig ineinander einhängen (siehe Seite 7). Die übrige Schnur mittig einlegen. Die 2 Enden der zuletzt eingelegten Schnur sind die Leitschnüre für 10 rechteckige Scoubidou mit 10. Vor dem letzten Knoten Klebstoff auftragen. Die Leitschnüre auf 8 cm kürzen und die beiden Hinterbeindrähte einstecken, dabei sollten die Drähte noch etwas in das Geflecht hineinragen. Nun den letzten Knoten anziehen. Die Schnurenden abschneiden.

2 Beine: Bevor die Hinterbeine (evtl. mit einer kleinen Rundzange) zurechtgebogen werden, die Vorderbeinschnur mit Drahteinlage seitlich nach dem 4. Knoten halb durchstecken. Dabei mit der Prickelnadel den Weg weiten. Nun die Beine zurechtbiegen und die Wackelaugen aufkleben.

# Elefanten

→ niedliche Rüsseltiere

**MATERIAL PRO ELEFANT**

- Scoubidouband in Grau, 1 m lang
- 5 Scoubidoubänder in Grau, 50 cm lang
- Scoubidouband in Weiß, 5 cm lang
- Silberdraht, ø 0,7 mm, 4 cm (Rüssel), 3 x 10 cm (Beine, Ohren) und 5 cm lang (Stoßzähne)
- 2 Wackelaugen, ø 3 mm
- 4 Holzperlen in Grau, ø 6 mm

Abbildung auf Seite 32.

1 Kopf und Hals: 2 kurze Schnüre parallel als Leitschnüre legen und die lange Schnur mit 1 Weberknoten anknüpfen. Den Weberknoten so verschieben, dass die Leitschnüre 5 mm überstehen. In 1 Leitschnur den Rüsseldraht einstecken. Weitere 5 Weberknoten knüpfen.

2 Rumpf: An die Leitschnur mit Rüsseldraht nebeneinander 2 weitere kurze Schnüre mitteln und anknoten (siehe Seite 6). Die 2 Leitschnüre sind auch die Leitschnüre für die nun folgenden 4 rechteckigen Scoubidou mit 8. Bevor der letzte Scoubidou angezogen wird, die letzte Schnur quer in die Mitte einlegen. 10 rechteckige Scoubidou mit 10 arbeiten. Bevor die letzte Knotenreihe angezogen wird, etwas Klebstoff auftragen. Nun die Schnüre fest anziehen. In die oberste Schnur als Schwanz nach 2 cm einen Knoten machen. Die überstehenden Schnurenden, auch am Rüssel, abschneiden.

WEITERFÜHRUNG

## Elefanten

**3** Beine: In 2 je 10 cm lange Restschnüre zwei gleich lange Drähte stecken. Mit der Prickelnadel am Rumpf den Abstand zwischen den Knoten etwas erweitern und die 2 Beinschnüre jeweils zur Hälfte durchstecken und nach unten umbiegen. Die Beine auf 1,5 cm kürzen und auf die Enden jeweils eine Holzperle aufkleben.

**4** Fertigstellen: In das weiße Schnurstück (Stoßzähne) und in 1 graues, 10 cm langes Schnurstück (Ohren) die entsprechenden Drähte stecken. Die 2 Schnüre halb durch den Kopf stecken, zurechtbiegen und kürzen. Zum Schluss die Wackelaugen ankleben.

## IMPRESSUM

FOTOS: frechverlag GmbH, 70499 Stuttgart; Fotostudio Ullrich & Co., Renningen
DRUCK: frechdruck GmbH, 70499 Stuttgart



Auflage: 5. 4. 3. 2. 1.
Jahr: 2008 2007 2006 2005 2004 [Letzte Zahlen maßgebend]



ISBN 3-7724-3346-4
Best.-Nr. 3346